ビーズきらめく

タティング
レースの
アクセサリー

森泉 美苑
Moriizumi Misono

Introduction

やわらかで繊細な表情を持ちながら、凛としたシャープなラインが美しい、タティングレース。
その魅力に、きらめくビーズをプラスすることで、「異素材の調和」、「光をまとう華やかさ」、
「色合せのおもしろさ」が加わり、よりいっそう、華やかなモチーフへと変化していきます。

この本では、シンプルなテクニックを使いながらも、躍動感のあるデザインやビーズ使いを意識し、
リズミカルで作りやすいサイズのモチーフを紹介しています。
はじめはビーズの入れ方にとまどうこともあるかと思いますが、
どうぞゆったりとした気持ちでチャレンジしてみてください。
複雑なビーズの並びから、導かれるように模様ができ上がっていく瞬間は、
霧が晴れていくかのような清々しさを感じていただけることと思います。

大好きなカラーを選んで、心地のよい場所で、
気軽にビーズタティングを楽しんでいただけたらうれしいです。

作る時間も、身につける時間も……、
ワクワクするすてきな時間を過ごしていただけますように！

森泉 美苑

CONTENTS

Salvia
サルビアのピアス
P.6 ／ P.50

Bouquet
セラスチュームのブーケピアス
P.12 ／ P.54

Classical
クラシカルなパールのセットアクセサリー
P.18 ／ P.72,73

Antique
アンティーククローバー
P.8 ／ P.52

Geometry
ジオメトリーブレスレット
P.14 ／ P.58,59,60

Blue
青い花びらのネックレスとピアス
P.20 ／ P.61,62

Cerastium
セラスチュームの花
P.9 ／ P.53,54

Acacia
アカシアのポニーフック
P.16 ／ P.50

White
白い花びらのネックレスとピアス
P.21 ／ P.63,64

Cross
クロスモチーフブレスレット
P.10 ／ P.56

Cross
クロスモチーフリング
P.11 ／ P.57

Clover & lace
クローバーモチーフとレースモチーフ

P.22 ／ P.65,66

Square
スクエアネックレス

P.23 ／ P.67

Stripe
ストライプのブレスレットとピアス

P.24 ／ P.69,70

Hoop
フープピアス

P.26 ／ P.71

Tassel
タッセルピアス

P.28 ／ P.68

Snowflake & Butterfly
スノーフレークとバタフライモチーフ

P.30 ／ P.76

Basic lesson

基本の作り方 ——————— P.32

タティングレースとは

ビーズタティング

タティングレースの基本

ダブルステッチ

リングを作る

ビーズタティングの基本

知っておきたい応用テクニック

基本のピアスの作り方

金具のつけ方

作品の作り方

サルビアのピアス

シンプルなモチーフを束ねて作るだけから、
気楽に作りはじめて。ゆれやボリュームが
ファッションの主役になる存在感。

how to make >> P.50

Antique
アンティーククローバー

4粒の小さなビーズがポイントの
ミニサイズのクローバーモチーフ。
シックな色の糸で上品な雰囲気に。

how to make >> P.52

セラスチュームの花

白くて立体的、小さくても
存在感のあるモチーフ。
どの角度から見ても、
可憐な表情が魅力的です。

how to make >> **P.53,54**

クロスモチーフブレスレット

ビーズをクロス状に並べて。
たくさんのビーズが光をうけて、
シンプルでもきらめきの
あるアクセサリーに。

how to make >> P.56

クロスモチーフリング

ブレスレットとおそろいに。
クロスを増減しながら、
作りたい指のサイズに
合わせて作ります。

how to make >> P.57

Bouguet

セラスチュームの
ブーケピアス

ピアスキャッチに
ビーズの雫が光る葉をつけて、
耳のうしろでゆれるデザインに。
葉の色を変えても楽しめる。

how to make >> P.54

ジオメトリーブレスレット

幾何学模様が並んだ、
カジュアルな装いにも
似合うデザインです。
糸とビーズの色合せを楽しんで。

how to make >> P.58

Acacia

アカシアのポニーフック

作り方はサルビアピアスと一緒。
糸とビーズの色を変えて。
ビーズの光りがきらりと
上品なヘアアクセに。

how to make >> P.50

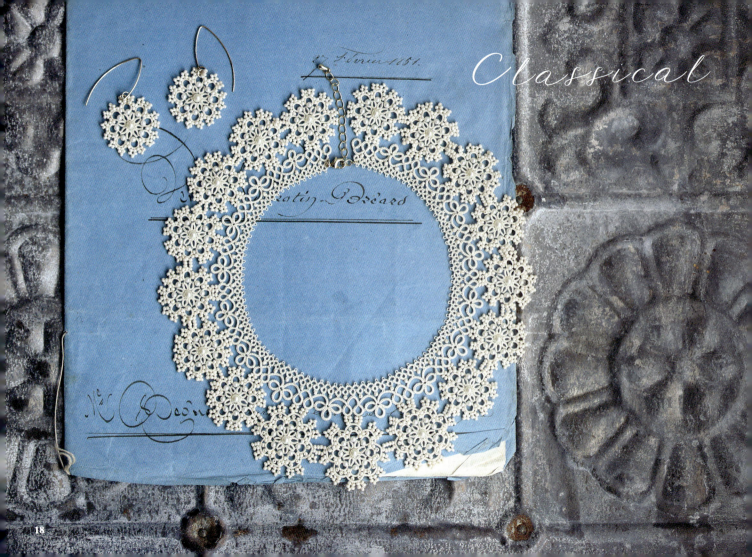

クラシカルなパールの
セットアクセサリー

やわらかで上品な光沢のビーズと
パールをふんだんに使った、
クラシカルなデザイン。
オケージョナルなシーンに。

how to make >> P.72,73

Blue
青い花びらのネックレスとピアス

花びらをつなげたような形に、
パールを添えて。
女性らしさの感じられる、
ワンポイントのアクセサリーです。

how to make >> P.61,62

White
白い花びらの
ネックレスとピアス

白い花びらは、きざみを入れる
テクニックで桜の花風にひと工夫。
花びらが開くような立体的なモチーフ。

how to make >> P.63,64

Clover & lace

クローバーモチーフとレースモチーフ

ホワイトとブラック、ビーズとパールの組合せ方でちがう印象に。
はじめて作るならこのクローバーがおすすめ。

how to make >> P.65, 66

スクエアネックレス

切り絵のような印象的なモチーフ。
ビーズの入れ方に
さまざまなテクニックを入れた
楽しいデザインです。

how to make >> P.67

Stripe

ストライプの
ブレスレットとピアス

2色の糸を交互に使って
模様を作ります。
ロングピコで作る軽やかなフリンジを、
ブラックのビーズで引き締めて。

how to make >> P.69,70

moet prenten?

...e of tijdduur der noten.

...ng tot haar duur (tijdwaarde) onderscheiden door haar uiter-
...ste houden wij ons bezig met de heele, halve en kwartnoten;

... noot.   Halve noot.   Kwartnoot.

...heele noot bevat
...e of vier kwartnoten
... bevat twee kwartnoten

Antwoorden.

...heele noot?   1. Twee halve noten.
...heele noot?   2. Vier kwartnoten.
...halve noot?   3. Twee kwartnoten.

De Maatteekens.

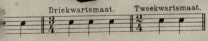

...nstuk op den notenbalk geplaatste teekens: C en de gebroken
... de maatteekens, die de maatsoorten aangeven; het teeken C geldt

Driekwartsmaat.   Tweekwartsmaat.

... te breuken (b.v. $\frac{4}{4}$ of C, $\frac{3}{4}$, $\frac{2}{4}$, enz.) hebben betrekking op den in-
...vijst aan, hoeveel notenwaarden in een maat moeten voorkomen,
...arde, welke de noten moeten hebben; b.v. de $\frac{4}{4}$ maat bestaat uit
... uit drie kwartnoten en de $\frac{2}{4}$ maat uit twee kwartnoten.

A. J. B. 650

Tafel tot aanleering der noten in den vioolsleutel.

ze hardop bij den naam, tegelijk geve ... de waarde (heele, halve of kwartnoot) der n...
fende noot aan. Deze oefening moet de leeraar met den leerling voorloopig ... ieder lesuu...
halen.

Oefeningsstukken in de Vierkwartsmaat.

Opmerking: Het is aan te bevelen, dat zoowel deze, als alle volgende oefeningen en ...nstukken in
eersten tijd van het onderricht zacht (piano-p) gespeeld worden. Ie... bovenmati...
strenging van de hand- en vingerspieren is hier nadeelig en moet da...rom zoo zorg...
gelijk vermeden worden, zal de leerling niet een leelijken, harden aanslag verkrijgen.

...heele No... op iedere noot 1, 2, 3, 4.)

No. 1. Langzaam.

Rechterhand.
Linkerhand.

Opmerking: De leeraar late den leerling de noten van ieder stuk eerst hardop doorlezen en dan
eenige malen met iedere hand alleen spelen, voor ze met beide handen samen beproefd w...
De vijf vingers moeten boven C, D, E, F, G staan.

A. J. B. 650

25

Hoop

フープピアス

カラフルなビーズの粒が楽しい、
カジュアルなピアス。
ビーズは好みの色で、
アレンジすることもできます。

how to make >> P.71

タッセルピアス

白色のビーズとパールがアクセント。
タッセルだけを別の色で作り、
バイカラーにしてもすてきです。

how to make >> P.68

Snowflake & Butterfly

スノーフレークと
バタフライモチーフ

大きな雪モチーフは表と裏で違う表情。
2つのモチーフの組合せで
繊細さが生れます。
ちょうちょにもエレガントな
パールを合わせて。

how to make >> P.76

ビーズタティングレースの基本

この本では、タティングレースに
ビーズを組み合わせたテクニックを
「ビーズタティングレース」と呼んでいます。
基本は一般的なタティングレースと同じです。
タティングレースがはじめてでも分かるよう、
基本のダブルステッチから解説しました。
慣れてきたら、ビーズを入れてみましょう。
少しずつ練習すれば、モチーフもきれいに作れます。

Basic lesson

タティングの基本から始まり、ビーズタティングのテクニックや、この本によく出てくる手法をご紹介します。作品の作り方(p.50)を読むときに必要な図の見方については、p.49をごらんください。

● 材料と用具

1 糸
80番か100番のレース糸を使います。数字は大きいほど細い糸であることを示します。この本では80番は#80と表記します。

2 シャトル
タティング専用の道具。糸を巻いて使います。とがった先は糸をほどいたり、糸をすくったりするのに便利。

3 針
レース糸にビーズを通したり、糸始末をするには極細の針が最適です。この本ではビーズを通す際には極細のメリケン針、糸始末にはビーズ針を使用。

4 ビーズ
特小ビーズ、パール、コットンパールなどを使用。

5 アクセサリー金具
タティングのモチーフをアクセサリーに仕上げるための金具やパーツ。

6 テグス
パールやビーズをレース糸に通すために使います。

7 レース用かぎ針
パールをレース糸に通したり、小さなピコから糸を拾うときに使います。

8 筆
作品をのりづけするときに使用。

9 丸やっとこ
10 平やっとこ
11 ニッパー
アクセサリー金具の取りつけに必要。

12 糸切りはさみ
レース糸を切るために使用します。

13 手芸用液体のり
作品をパリッと形よく仕上げるためののり。好みで水で濃度を調節し、筆で塗って乾かします。

タティングレースとは

糸を巻いたシャトルを使い、小さな結び目をいくつも作っていく手芸です。
基本の用語を覚えておくと作り方に役立ちます。

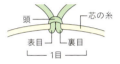

ダブルステッチ
〈 作り方 ▶ p.35 〉

基本の結び目。芯の糸に表目と裏目を作った状態を1目と数えます。ダブルステッチを繰り返して目を作ります。

リング
〈 作り方 ▶ p.37 〉

ダブルステッチを繰り返し、所定の長さになったら糸を引くことでリング状になります。

チェーン

ダブルステッチを一直線上に連続して作ります。リングとリングをつなぐときに使われ、「ブリッジ」とも呼ばれます。

ピコ
〈 作り方 ▶ p.38 〉

糸が飛び出している飾りのこと。ビーズを通すためや房状にするための長いピコをロングピコと呼びます。

ピコつなぎ
〈 作り方 ▶ p.38 〉

リングとリングをつなぐ際に、ピコにレース糸を通してつなぐ方法のこと。

ビーズタティング

タティングレースにビーズを入れて作ります。
どこにビーズを入れるかで見た目が変わります。

ピコの根もと
〈 作り方 ▶ p.40 〉

ピコの根もと(芯の糸)にビーズを入れます。

ピコの中
〈 作り方 ▶ p.41 〉

ピコの中にビーズが入っているタイプ。

リングの根もと
〈 作り方 ▶ p.41 〉

リングを絞るときにビーズを根もとに入れます。

タティングレースの基本

始めての人にもよく分かるように太めの20番(#20)の糸を使い、
タティングレースの基本を説明します。実際の作品は#80か#100で作ります。

● 糸を巻く

1

シャトルの穴に糸を通し、手前に出します。

2

図のように糸を渡します。

3

糸端を5cmほど残して糸を引き締め、結び目をシャトルの中に移動させます。

4

ツノを左にし、手前から向こう側に向かって糸を巻きます。

● 基本の指の形

1

糸端を10cm残して人さし指と親指でつまみ、中指と薬指と小指の3本にかけます。

2

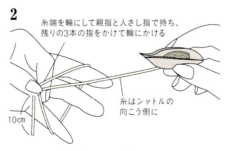

図のように3本の指にかけて輪にして糸を持ち、シャトルを構えます。これがタティングレースのリングを作るときの基本の指の形です。

(memo)
チェーンを作るときは

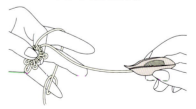

チェーンを作るときの基本の指の形は、図のように糸端を小指に2回ほど巻きつけます。右手の形はリングを作るときと同じです。

ダブルステッチ / 表目を作る

すべての基本となるダブルステッチを作りましょう。
まずは表目の作り方から。

1

左手で基本の指の形(p.34)を作り、右手はシャトルを持ったまま手首を返すようにして手の甲に糸をかけます。

2

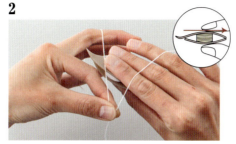

シャトルを左手の糸の下にくぐらせます。

3

シャトルが糸の下を通り過ぎたら、今度は糸の上を通って戻します。

4

シャトルの糸を引くと、左手の糸にシャトルの糸が巻きついた状態になります。

5

シャトルの糸を引くと同時に左手にかかっている糸の張りをゆるめます。

6

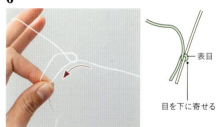

シャトルの糸がまっすぐになり、左手の糸が巻きついたら(これを「目が移る」という)、結び目を親指の位置にずらします。これで表目が完成です。

ダブルステッチ / 裏目を作る

表目と逆の動作で裏目を作り、ダブルステッチを完成させます。

1

裏目は、手の甲に糸をかけずにそのままシャトルを左手の糸の上に滑らせます。

2

右手の親指とシャトルの間を糸が通り過ぎたら、今度は糸の下にシャトルを通して戻します。

3

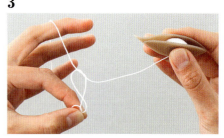

表目と同様に、右手の糸を引くと同時に左にかかっている糸の張りをゆるめ、目を移します。

4

右手の糸がまっすぐになり、左手の糸が巻きついた状態になったら、結び目を表目の隣にずらします。

5

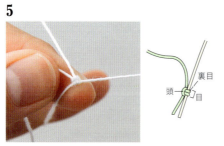

これで裏目が完成です。表目と裏目をセットでダブルステッチ1目と数えます。

6

続けて表目・裏目、表目・裏目と編んでみましょう。ダブルステッチが3目できました。

リングを作る

指定の目数のダブルステッチを作り、糸を引き締めるとリングができます。

ダブルステッチを引き締めて作ったリング

1

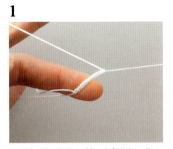

糸を左手にかけて輪にし(基本の指の形→p.34)、指定の目数のダブルステッチを作ります。

2

最後に作った目を押さえ、シャトルの糸(芯の糸)を引き締めていきます。

3

最後まできっちり糸を引くことできれいなリングになります。

続けてリングを作るとき

1

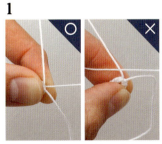

再び糸を左手にかけて輪にします。このとき輪の端の糸は3本が交差するように持ち、間があかないようにするのがコツです。

2

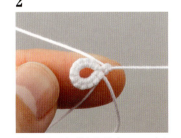

最初のリングの隣からダブルステッチを作り始めます。指定の目数を作って糸を引くとリングが2個できます。

・—・(memo)—・・

左手の輪が小さくなったときは

でき上がった目を押さえながら、左手の輪の手前側の糸を下方向に引き出して輪を大きく広げます。

37

● ピコを作る

ピコは飾りとしてだけではなく、リングどうしをつなぐときにも役立ちます。

1

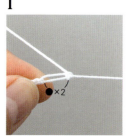

作りたいピコの高さ(●)の2倍の長さ分の間隔をあけて、ダブルステッチを1目作ります。

2

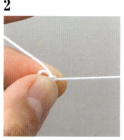

作った目を引き寄せます。

3

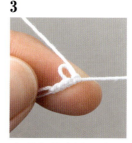

ピコが完成しました。ピコの目もダブルステッチの1目と数えます。

4

続けて次のダブルステッチを作り、**1**〜**3**を繰り返します。

● ピコつなぎ

ピコの穴を利用して隣のリングとつなぎます。

1

つなぎたいピコの下に、作っている途中の左手側の糸を置きます。

2

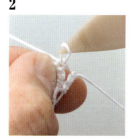

ピコの間からのぞいている糸をシャトルのとがっている先で引き上げます。

3

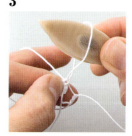

そのままシャトルをくぐらせます。

4

左手にかかっている糸を引いて輪を縮めるとつながります。これは1目と数えず、次の目に進みます。

● 見せかけのピコ

リングの根もとにもう1個ピコを作りたいときはこの方法を使います。

1

ピコを7個作り、リングを引き締めたところ。このリングの根もとにもう1個ピコを作ります。

2

モチーフを裏返して逆さまに持ち、ピコの高さ分の間隔をあけて表目を作ります。

3

次に裏目を作りますが、ここで左の糸をゆるめず(目を移さず)に巻きついたまま右手を引きます。

4

編み目が固定され、まるでピコのようになれば完成です。

● スプリットリング

シャトルを2個使い、横に長く編み進めるときに使う手法です。

1

シャトル①でダブルステッチを作り、シャトル①を置いておきます。

2

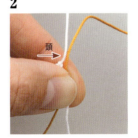

ダブルステッチの頭(p.33参照)が右を向くように反転させて持ち、スタートの目にシャトル②の糸をそわせます。

3

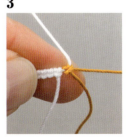

シャトル①の糸を芯にして、シャトル②の糸で目を移さずに裏目・表目の順にダブルステッチを作ります。

4

同じ目数を作ったら、シャトル①の糸を引いてリングを引き締めます。

ビーズタティングの基本

あらかじめ糸にビーズを通しておき、必要なときに繰り出すことでピコやリングにビーズが入ったタティングが作れます。

● ビーズの通し方

1

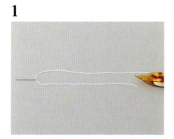

シャトルにレース糸を巻き、針を通します。使用するビーズが通る細さの針を使いましょう。

2

ビーズの通し方図に従って、指定数のビーズを針ですくいます。ケースの中で針を動かすといくつかまとめてすくえて楽です。

3

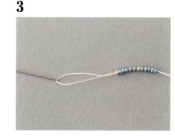

ビーズの通し方図の右端から順に通していきます。

4

ビーズを通した糸をシャトルに巻きます。リング1個分などのまとまりで区切って巻いておくと、作るときに分かりやすくなります。

● ピコの根もとにビーズ ※分かりやすいように太い糸で説明しています。

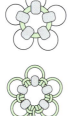

1

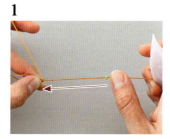

糸を左手にかけて輪にして1目を編み、シャトルに巻いた糸からビーズを1個出して、右手の親指で裏目まで寄せます。

2

ピコ分の間隔をあけて、もう1目作り、目を寄せると、根もとにビーズが入った状態のピコができます。

3

続けて次のビーズを再び寄せて次の目を作ります。これを繰り返します。

● ピコの中にビーズ

1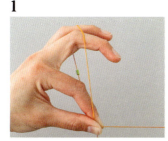

左手の輪の中にビーズを3個入れておきます。

2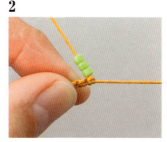

ダブルステッチを5目作ります。ピコを作るところでビーズ3個を寄せます。

3

1目を作って目を寄せるとビーズが3個入ったピコができます。

● リングの根もとにビーズ

1

①のリングを作ります。左手の輪の中にビーズを1個入れておきます。

2

ダブルステッチを指定の目数作ります。ビーズを残したまま糸を引き締めてリングを作ります。

3

自然にビーズがリングの根もとに入ります。ゆるまないようにきっちり引き締めましょう。

4

②のリングを作り始める前に、輪の中に1個ビーズを入れておき、これを③④と繰り返します。

41

知っておきたい応用テクニック

この本の作品を作るときによく出てくるテクニックをいくつかご紹介します。

● ピコにビーズを通す　／　モチーフの中心に入っている大きめパールは、ロングピコに通してピコつなぎをします。

1

パールが通るレース用かぎ針を用意し、パールを通してロングピコにかぎ針を引っかけます。

2

かぎ針にかかったロングピコを引き出し、パールを移します。

3

左手の輪の糸をかぎ針で引き出します。ピコつなぎと同様の方法です。

4

引き出した輪の中にシャトルを通して引き抜きます。

5

左手の糸を引き締めると、ピコつなぎの要領でリングがつながりました。

6

リングの続きを作ります。

(memo)

テグスを使う方法

テグスを10cmほどにカットし、二つ折りにしてロングピコに通します。

▶

テグスの端2本にパールを通します。

▶

ロングピコの中にパールを入れます。糸を引き出すときは、ピコつなぎと同様にシャトルのとがった先を使います。

● シャトルつなぎ ／ 芯側の糸を接続するときは、ピコつなぎではなくシャトルつなぎでつなぎます。

1

つなぎたいピコの下にシャトル側（芯側）の糸を置きます。

2

シャトルのとがった先で糸を引き出します。

3

そのままシャトルを通します。

4

シャトルを引き抜いて引き締めると完成です。そのあとは結び目が動かせないので、すきまがあかないように詰めながら引き締めます。

● リバースワーク ／ モチーフの表と裏を交互に編む方法です。（例：p.21の作品など）

1

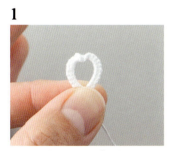

糸を引き締めてリング①を作ります。

2

裏返して下向きに持ちます。

3

リングの根もとからリング②を作ります。

4

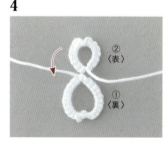

p.21の作品の場合、リング②を下側に折れば、表と裏がそろいます。

基本のピアスの作り方

この本の作品は#80や#100の細い糸を使って作ります。
目を作るごとに糸をしっかりと引き締めることが美しい仕上がりのコツです。

ビーズクローバー
〈 材料と作り方 ▶ p.65 〉

糸の始末やのりづけ、金具の
つけ方までをご紹介します。

{ ビーズの通し方図 }

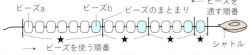

図の右端から順にビーズを糸に通します。★は左手の輪に入れるビーズ

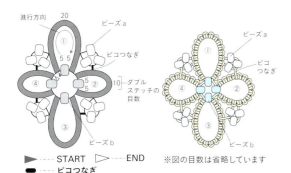

※図の目数は省略しています

図中の数字はダブルステッチの目数を示しています

● ビーズの通し方

1

{ビーズの通し方図} を見ながらビーズを通します。ビーズのまとまりごとにシャトルに糸を巻くと効率的です。

4

20目作り、**3**と同様にビーズ入りピコを両側に作ります。糸を引いて輪を縮め、根もとにビーズを入れます。

● ビーズを入れたリングの作り方

2

糸端10cmを残し、①のリングを作ります。まず、**{ビーズの通し方図}** の★印のビーズを左手の輪の中に入れます。

5

次のリングに入れるビーズを左手の輪の中に入れ、②のリングを作ります。①と同様にダブルステッチを5目作ります。

3

ダブルステッチを5目作り、輪の中から3個のビーズを最後の目に寄せます。このビーズはピコの中に入ります。

● ビーズがある場合の
　ピコつなぎの方法

6

①のリングのピコから糸を引き出します。シャトルでは難しい場合はレース用かぎ針を使います。

7

引き出した糸の輪にシャトルを通します。

8

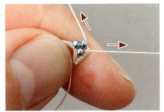

左手の糸を引きます。これでピコつなぎが完了。糸はゆるまないようにしっかりと引きましょう。

9

②のリングの片側にもピコを入れてリングを完成し、③のリングを同様に作ります。

10

④のリングを作り、糸を引き締めてモチーフが完成。糸は10cm残してはさみで切ります。

● 糸始末のしかた

11

残っている糸を結びます。まず1回糸をからめてしっかり結び、次に糸を2回からめて結びます。

12

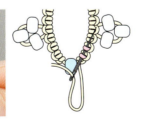

残った糸に針を通し、モチーフの裏側の結び目からいちばん近いダブルステッチの目を1本すくい、さらに1本飛ばして1本すくいます。ここでは針は極細のビーズ針を使用。

糸を傷つけないように慎重にすくい、小刻みに針を動かしつつ引っ張り出します。

13

もう1本残った糸で反対側のダブルステッチを3～5回すくい、目の際で糸を切ります。

45

● のりづけのしかた

14

クリアファルを下敷きにし、ティッシュペーパーの上にモチーフを置きます。手芸用液体のりと水を用意。

15

軽く水で塗らした筆にのりをつけ、ビーズを避けてモチーフに塗ります。糸の中に浸透させるように筆でのりを置いていく感覚で。

16

ビーズについたり、つけすぎたときはティッシュペーパーで押さえます。小さな作品なら30分ほどで乾きます。

● 金具のつけ方

17

Tピンをパールに差し込み、パールのすぐ上からやっとこで直角に折り曲げます。

18

8mm残して不要なピンをニッパーでカットします。

19

丸やっとこでTピンを起こすように丸めます。まず半分ほど丸めます。

20

モチーフの下部に丸めたTピンを通し、最後までしっかりと丸めます。

21

フックピアス金具をモチーフに引っかけ、指で金具を締めて完成。カンつきのピアス金具の場合は丸カンでつけます。

フープピアス
〈 材料と作り方 ▶ p.71 〉

フープピアスの金具を軸にして糸を結びつけていく独特の作り方をご紹介します。

ピアス金具のカーブを利用して、糸を結びつけています。まるでダブルステッチのように見えます。

1

糸にビーズを通します。**＜ビーズの通し方図＞**の右端から順番に通します。

2

糸端を7〜10cm残し、フープピアス金具を上に乗せます。シャトルのとがった先で糸を手前に引き出します。

3

そのままシャトルを通します。

4

これで表目が完成しました。目がゆるまないようにしっかりと指で糸を下方向に張っておきます。

5

裏目はフープピアス金具の裏にシャトルを持っていき、奥から手前に糸を引っかけて向こう側に糸を引き出します。

6

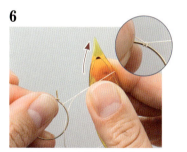

そのままシャトルを通し、上方向に引っ張ります。これで裏目が完成。ダブルステッチが1目できました。

・—(memo)—・
スタートの糸始末を省略するには

表目を作ったあと、左側に残した糸をフープピアス側にそわせます。以降はそわせた糸を一緒に編み込みながら5目編みます。

7

シャトル側からビーズを1個寄せます。

8

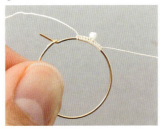

2〜6を繰り返してダブルステッチを5目作ります。すきまをあけずに詰めながら作りましょう。

9

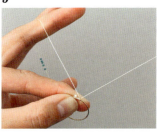

左手の輪の中にビーズを5個入れて、ここからは普通のタティングレースの基本の指の形に。

10

フープピアス金具ごと糸を押さえて、ダブルステッチを1目作ります。

11

ビーズを1個寄せてピコを作り、ダブルステッチを1目作り、ビーズが1個入ったピコを作ります。

12

11を全部で5回繰り返します。

13

糸を引いて輪を縮めます。

14

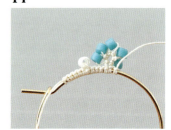

リングができました。再び2〜6と同様にフープピアス金具を軸にしたダブルステッチを作ります。この繰り返しで最後まで作ります。

金具のつけ方

● 丸カン

【上から見たところ】

丸カンは前後にずらして開き、とじるときも同様に前後に動かしてとじる

ダメな例

左右に開いてしまうと、形がくずれたり切れる原因に

● めがねどめ

① 1回ねじる
② 際でカット
③ 際でカット

①ワイヤーをねじり、片側のワイヤーをニッパーで切る
②もう一方のワイヤーで輪を作る
③ワイヤーを巻きつけて際でカット

● つぶし玉

つぶし玉を平やっとこでつぶす

固定される

● つぶし玉カバー

つぶし玉にカバーをかぶせてとじる

つぶし玉が隠れる

● Tピン（9ピンも同様）

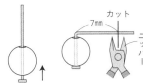

7mm カット ニッパー

①ビーズに下からピンを通す
②直角に曲げ、7mm残してカット
③丸やっとこで手のひらを上にして端をはさみ、手首を返しながら丸める
④ピンの先がとじるように形を整える

作品の作り方

・完成サイズは目安です。この本では細い番手の糸を使い、目がゆるまないようにきっちり糸を引いて作っています。
・糸の長さは多めに表記しています。
・パールビーズ・スワロフスキービーズなどは、ビーズを略して表記しています。

● 作り方図の見方

【ビーズの通し方】

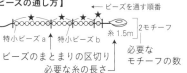

←ビーズを通す順番
特小ビーズa 特小ビーズb
糸1.5m
2モチーフ
ビーズのまとまりの区切り
必要な糸の長さ
必要なモチーフの数

シャトルを1個だけ使う場合

必要な糸の長さ分をシャトルに巻き、通し方図の右側のビーズから通す。

★…左手の輪の中に入れるビーズ

1パターン×7回 ←ビーズを通す順番 糸2m
1パターン×8回 4モチーフ 糸2m

シャトルを2個使う場合

必要な長さ分の糸をカットし、シャトル①に必要な分を巻く。図の右上のビーズから通していき、折り返して下の段は左端から通す。最後にシャトル②に巻く。

【モチーフの作り方図】

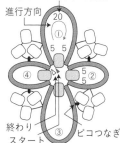

ダブルステッチの目数
進行方向
終わり
スタート
ピコつなぎ

太い2重線はダブルステッチを表わし、細い線はピコの糸などを表わす。スタートの記号から進行方向の矢印に従って、必要な目数のダブルステッチを作る。

● 記号について

▶ ---- START
▷ ---- END
■ ---- ピコつなぎ（→p.38参照）
○ ---- シャトルつなぎ（→p.43参照）

| P.6 | サルビアのピアス SIZE／たて5×よこ3cm |
| P.16 | アカシアのポニーフック SIZE／たて5×よこ3cm |

✕ 材料

ピアス
#80レース糸(赤または紺)……26m
特小ビーズa(赤または紺)……490個
特小ビーズb(ゴールド)……98個
フックピアス金具……1組み

ポニーフック
#80レース糸(カラシまたはグレー)……13m
特小ビーズ
(クリアシルバーまたはクリアゴールド)
……294個
丸カン……1個
ポニーフック金具……1個

✕ 作り方順序

1 シャトルに糸を巻き、ビーズを通す(ポニーフックは特小ビーズ1種のみ)。
2 スタートからシャトル①でリングを作る。
3 ひも部分は表目を10目続けるスパイラルステッチで作る。
4 ②のリングをシャトル②で作り、スパイラルステッチでひもを作る。シャトル①とシャトル②を交互に替えて繰り返す。
5 最後の糸始末をする。
6 モチーフをピアス金具、もしくはポニーフック金具につける。

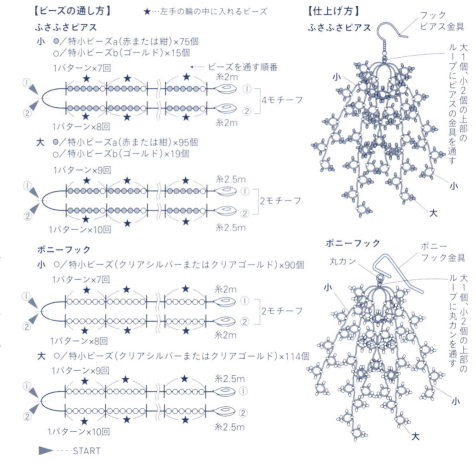

▶……START

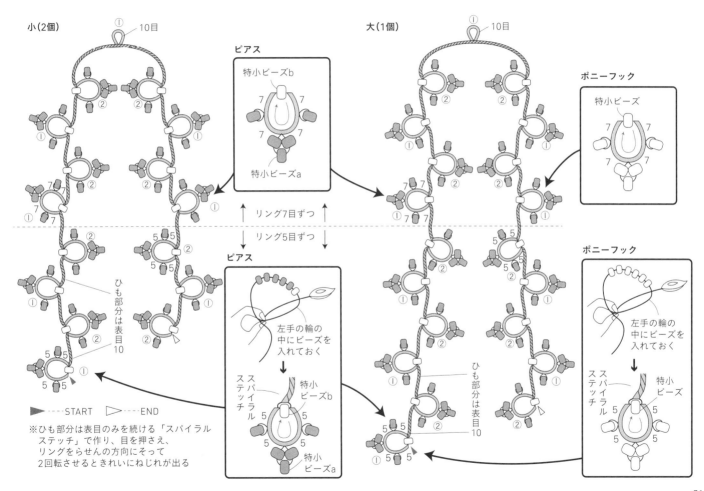

P.8 アンティーククローバー

SIZE／たて2×よこ2cm

⊠ 材料

#80レース糸(青緑または紺または紫)……5m
特小ビーズ(ゴールド)……8個
丸カン……2個
ポスト&キャッチピアス金具……1組み

⊠ 作り方順序

1 シャトルに糸を巻き、ビーズを通す。

2 1段めはスタートから根もとにビーズを入れたリングを4個作る。

3 2段めはスタートからシャトルつなぎ(**» P.43** 参照)をして、1段めのリングの周囲にチェーンを作る。

4 1段めと2段めの両端の糸始末をし、のりづけをする。

5 モチーフをピアス金具につける。

【ビーズの通し方】　★…左手の輪の中に入れるビーズ

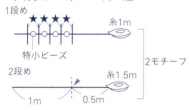

【仕上げ方】

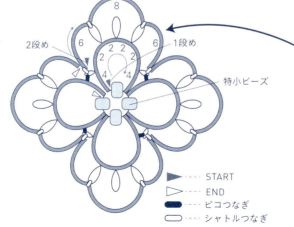

▶……START
▷……END
▬……ピコつなぎ
▭……シャトルつなぎ

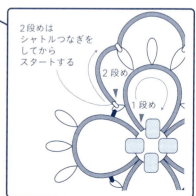

2段めはシャトルつなぎをしてからスタートする

P.9 セラスチュームの花 イアリング／ピアス　SIZE／花モチーフ 直径1.5cm

✗ 材料

イアリング
- #80 レース糸a（白）……5m
- #80 レース糸b（緑）……2m
- 特小ビーズ（ゴールド）……12個
- 2mmパール（白）……2個
- イアリング金具……1組み

ピアス
- #80 レース糸a（白）……5m
- #80 レース糸b（グレー）……2m
- 特小ビーズ（ゴールド）……12個
- 2mmパール（白）……2個
- ポスト＆キャッチピアス金具……1組み

✗ 作り方順序

1 シャトルに糸を巻き、ビーズを通す。

2 花びらの1段めは、スタートからピコを入れたリングを5個作る。

3 2段めは、1段めを裏にしてスタートからシャトルつなぎをし、シャトルつなぎをしながら、チェーンで1段めの周囲を1周する。1段めの糸を結び、2段めの糸始末をする。

4 花心はピコにビーズを入れながらリングを3個作り、両端の糸を結んで10cm残しておく。

5 花心を裏返し、残した糸2本をパールの左右から通す。花びらの2段め（表）が上を向くようにして、花心を花びらの中に入れる。

6 のりづけをして金具につける。

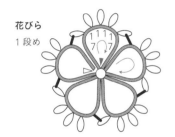

花びら
1段め

2段め
1段めを裏にし、シャトルつなぎをしてからスタート

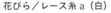

花びら／レース糸a（白）
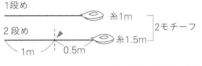
1段め　糸1m
2段め　1m　0.5m　糸1.5m　2モチーフ

【ビーズの通し方】　★…左手の輪の中に入れるビーズ
花心／レース糸b（緑またはグレー）
○／特小ビーズ（ゴールド）×6個
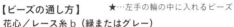
糸1m　2モチーフ

花心

特小ビーズ
結んで糸を10cm残す

▶---START　▷---END
●---ピコつなぎ　◯---シャトルつなぎ

【花の作り方】
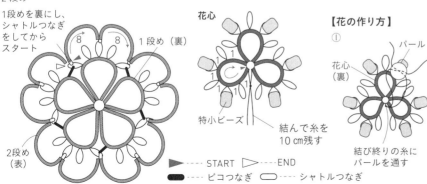
① パール　花心（裏）
② 花心　花びらの2段め（表）　花びらの糸
花びらに花心を入れ、パールを通した糸を花びらの下から引き出す
糸は2つに分けて結んで切る
結び終りの糸にパールを通す

【仕上げ方】
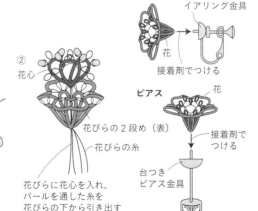
イアリング　台つきイアリング金具　花　接着剤でつける
ピアス　花　接着剤でつける　台つきピアス金具

P.9 セラスチュームの花／ゆびわ　SIZE／花モチーフ 直径1.5cm
P.12 セラスチュームの花／ブーケピアス　SIZE／花モチーフ 直径1.5cm

◤ 材料

ゆびわ
- #80 レース糸a（白）……7.5m
- #80 レース糸b（緑）……5m
- 特小ビーズ（ゴールド）……18個
- 丸小ビーズ（クリア）……2個
- 2mmパール（白）……3個
- 10mmシャワー台つきリング金具……1個

【ビーズの通し方】
★…左手の輪の中に入れるビーズ

ゆびわ
花心／レース糸b（緑）
○/特小ビーズ（ゴールド）×6個

糸1m　3モチーフ

葉・小／レース糸b（緑）
○/丸小ビーズ（クリア）×2個

糸2m

ブーケピアス
花心／レース糸b（緑またはグレー）
○/特小ビーズ（ゴールド）×6個

糸1m　6モチーフ

葉・大／レース糸b（緑またはグレー）

糸2.5m　2モチーフ

葉・小／レース糸b（緑またはグレー）
○/丸小ビーズ（クリア）×2個

糸2m　2モチーフ

ブーケピアス
- #80 レース糸a（白）……15m
- #80 レース糸b（緑またはグレー）……15m
- 特小ビーズ（ゴールド）……36個
- 丸小ビーズ（クリア）……4個
- 2mmパール（白）……6個
- 10mmシャワー台つきピアス金具……1組み
- 丸カン……2個

共通
花びら／レース糸a（白）
1段め
　　糸1m
2段め
1m　0.5m
　　　　糸1.5m

ゆびわ
3モチーフ

ブーケピアス
6モチーフ

◤ 作り方順序／ゆびわ

1. シャトルに糸を巻き、ビーズを通す。
2. 花びらの1段めは、スタートからピコを入れたリングを5個作る。
3. 2段めは、1段めを裏にし、スタートからシャトルつなぎをし、シャトルつなぎをしながら、チェーンで1段めの周囲を1周する。1段めの糸を結び、2段めの糸を始末する。
4. 花心はピコにビーズを入れながらリングを3個作り、両端の糸を結んで10cm残しておく。
5. 花心を裏返し、残した糸2本をパールの左右から通し、さらに花びらの中央に糸を通し、花心を花びらの中に入れる（>> **P.53【花の作り方】**参照）。
6. 完成した花をのりづけをする。
7. 葉・小を作り、残した糸と別糸で花と葉・小をシャワー台に結びつけ、シャワー台をとじる。

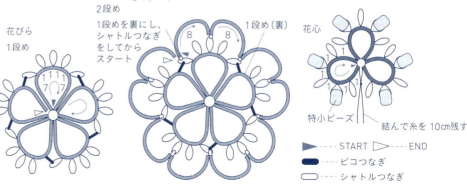

◪ 作り方順序／ブーケピアス

1. シャトルに糸を巻き、ビーズを通す。
2. 花びらの1段めは、スタートからピコを入れたリングを5個作る。
3. 2段めは、1段めを裏にし、スタートからシャトルつなぎをし、シャトルつなぎをしながら、チェーンで1段めの周囲を1周する。1段めの糸を結び、2段めの糸を始末する。
4. 花心はピコにビーズを入れながらリングを3個作り、両端の糸を結んで10cm残しておく。
5. 花心を裏返し、残した糸2本をパールの左右から通し、さらに花びらの中央に糸を通し、花心を花びらの中に入れる（>> P.53【花の作り方】参照）。
6. 完成した花をのりづけする。
7. 残した糸で花をシャワー台に結びつけ、シャワー台をとじる。
8. 葉・大小を作り、丸カンに通し、キャッチ金具につける。

【仕上げ方】

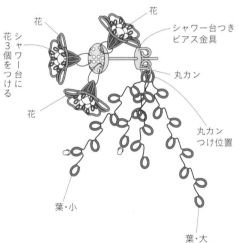

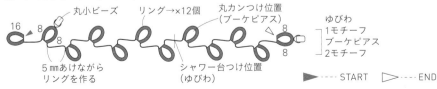

P.10 クロスモチーフブレスレット　　SIZE／幅 1 × 手首回り 16cm

◪ 材料

#80レース糸(青またはグレー)……4m
特小ビーズa(ゴールド)……192個
特小ビーズb(黒)……94個
Cカン……2個
とめ具(ニューホック)……1組み

◪ 作り方順序

1 スプリットリングの手法(**≫ P.39 参照**)で作る。左手の輪の中に★のビーズを入れ、シャトル①でダブルステッチを4目作る。根もとにビーズGを1個寄せてから、ピコに入れるビーズABCを寄せてダブルステッチを4目作る(クロスの形ができる)。

2 シャトル②に持ち替える。

3 スタート位置にビーズFを寄せてからシャトル②でダブルステッチを4目作り、輪の中からビーズEを根もとに寄せる。ピコに入れるビーズIJKを寄せてダブルステッチを4目作る。

4 輪の中にビーズDを残してリングを引き締め、ビーズHLを寄せて1パターンが完成。

5 以降は **1** ～ **4** のパターンを繰り返す。

6 糸始末をし、とめ具につける。

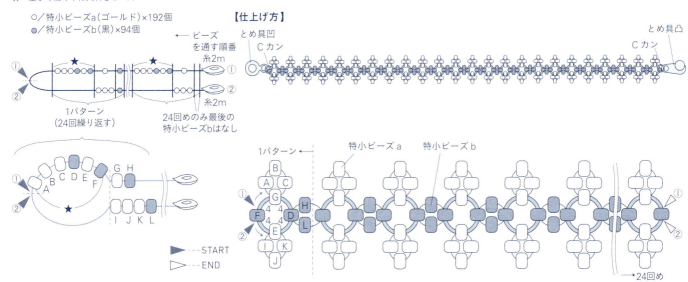

P.11 クロスモチーフリング　SIZE／指回り 約6cm

◪ 材料

#80レース糸(青またはグレー)……2m
特小ビーズa(ゴールド)……72個
特小ビーズb(黒)……36個

【サイズ調整のしかた】

指回り約5.4cm	1パターン×8回
指回り約6cm	1パターン×9回
指回り約6.7cm	1パターン×10回

※金属の指輪と違ってビーズの指輪は2〜3サイズ上の
　大きさで作りましょう。1パターン×8回がおよそ9号
　サイズの指に合うように作っています。

◪ 作り方順序

1. スプリットリングの手法(**》P.34参照**)で作る。①のシャトルに糸を巻き、ビーズを通してから②のシャトルに糸を巻く。

2. 左手の輪の中に★のビーズを入れ、シャトル①でダブルステッチを4目作る。根もとにビーズGを1個寄せてから、ピコに入れるビーズABCを寄せてダブルステッチを4目作る(クロスの形ができる)。

3. シャトル②に持ち替える。

4. スタート位置にビーズFを寄せてからシャトル②でダブルステッチを4目作り、輪の中からビーズEを根もとに寄せる。ピコに入れるビーズIJKを寄せてダブルステッチを4目作る。

5. 輪の中にビーズDを残してリングを引き締め、ビーズHLを寄せて1パターンが完成。

6. 以降は **1〜4** のパターンを繰り返す。

7. 糸端を残し、始めのパターンの左端のビーズFに通して結び、糸始末をする。

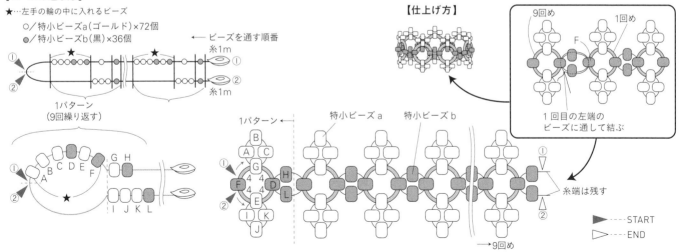

57

P.14 ジオメトリーブレスレットＡ／Ｂ SIZE／幅1×手首回り17cm

✂ 材料

#80レース糸（Ａ／黒、Ｂ／白）……3m
6mm竹ビーズ（ゴールド）……24個
2mmパール（白）……3個
3mmパール（白）……3個
Ｃカン……2個
とめ具（マグネットクラスプ）……1組み

✂ 作り方順序

1 スプリットリングの手法（**>> P.34**参照）で作る。①のシャトルに糸を巻き、ビーズを通してから②のシャトルに糸を巻く。

2 スタートからシャトル①で10目のリング小を作る。

3 シャトルを交互に使って上下のリングを半分ずつ作りながら、途中で竹ビーズとパールの三角形を3個作る。このパターンを全部で3回繰り返す。

4 最後はシャトル①で10目のリングを作り、糸始末をする。

5 モチーフをとめ具につける。

【ビーズの通し方】

○／2mmパール×3個
◯／3mmパール×3個
▭／竹ビーズ（ゴールド）×24個

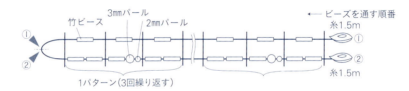

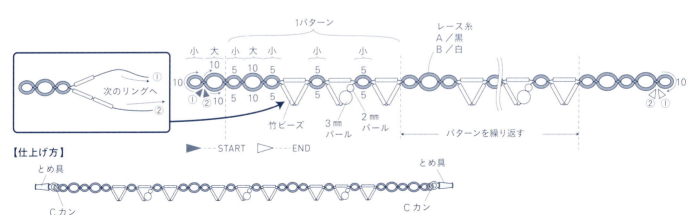

P.14 ジオメトリーブレスレットC／D／E

SIZE／幅 0.8×手首回り 16cm

✂ 材料

#80 レース糸（ピンクまたは白または青）……4m
特小ビーズa（ゴールド）……36個
特小ビーズb（黒）……84個
Cカン……2個
とめ具（マグネットクラスプ）……1組み

✂ 作り方順序

1. スプリットリングの手法（>> **P.34**参照）で作る。シャトル①に糸を巻き、ビーズを通してからシャトル②に糸を巻く。
2. スタートからシャトル①で16目のリング小を作る。
3. リング大・小・中をシャトルを交互に使って作る。このパターンを全部で4回繰り返す。
4. 最後はリング小・大を作って、シャトル①でリング小を16目で作り、糸始末をする。
5. モチーフをとめ具につける。

【ビーズの通し方】

★…左手の輪の中に入れるビーズ

○／特小ビーズa（ゴールド）×36個 ●／特小ビーズb（黒）×84個

▶ ＝ START　▷ ＝ END

レース糸
C／ピンク
D／白
E／青

【仕上げ方】

とめ具　Cカン　　　　　　　　　　　　　　　　　　　Cカン　とめ具

59

P.14 ジオメトリーブレスレット F　SIZE／幅1×手首回り16cm

✂ 材料

#80レース糸（グレー）……4m
特小ビーズ（ゴールド）……144個
3mmパール（白）……18個
Cカン……2個
とめ具（マグネットクラスプ）……1組み

✂ 作り方順序

1 スプリットリングの手法（≫ P.34参照）で作る。シャトル①に糸を巻き、ビーズを通してからシャトル②に糸を巻く。

2 スタートからシャトル①で根もととピコにビーズを入れた上半分のリングを作る。

3 下半分のリングは、シャトル②を使って作る。上下の柄を入れ替えたスプリットリングをもう1個作り、このパターンを全部で9回繰り返す。

4 糸始末をする。

5 モチーフをとめ具につける。

【ビーズの通し方】　★…左手の輪の中に入れるビーズ

○／特小ビーズ（ゴールド）×144個　◯／パール×18個

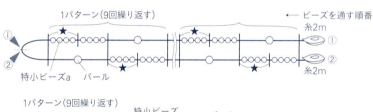

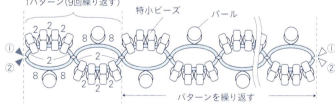

【仕上げ方】

P.20 青い花びらのピアス

SIZE／たて 2×よこ 1.5㎝

✖ 材料

#80レース糸(ネイビー)……4m
特小ビーズ(ゴールド)……8個
6mmコットンパール(キスカ)……2個
フックピアス金具……1組み

✖ 作り方順序

1 シャトルに糸を巻き、ビーズを通す。

2 スタートから、ピコを1個入れたリング①を作り、リバースワーク(**P.43**参照)の手法でリングを裏返し、続けて根もとにビーズを入れたリング②を作る。

3 ピコつなぎをしながら、同様にリバースワークを繰り返してリングを作る。糸端はパールを通すために10㎝残しておく。

4 モチーフを半分に折り、両端の糸をビーズ針に通し、コットンパールを通して固結びし、結び目をコットンパールの中に引き入れて際で切る。

5 ②のリングを立たせるように立体的にのりづけをして、ピアス金具につける。

【ビーズの通し方】

★…左手の輪の中に入れるビーズ
○／特小ビーズ(ゴールド)×4個

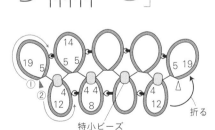

【パールの通し方】

両端の糸をビーズ針に通し、
さらに、コットンパール→ビーズ4個に
それぞれ通して固結びする。
結び目は針でパールの中に引き込んで際で切る

【仕上げ方】

フックピアス金具

P.20 青い花びらのネックレス SIZE／モチーフ たて2×よこ3.5cm

材料

#80レース糸（ネイビー）……5m
特小ビーズ（ゴールド）……8個
6mmコットンパール（キスカ）……1個
2mmパール（生成り）……2個
ネックレスチェーン……17cm×2本
Cカン……4個
引き輪……1個
板カン……1個

作り方順序

1 シャトルに糸を巻き、ビーズを通す。

2 モチーフ小（ア）（イ）はリング①～⑤の順番で作る（根もとにビーズを入れた②と④が上に重なるようにピコつなぎをしながら作る）。糸端はパールを通すために10cm残しておき、パールを通す（→p.61 ピアス参照）。

3 モチーフ大はリング①を作りながらモチーフ小（ア）とピコつなぎをする。

4 リバースワーク（**P.43**参照）の手法でリングを裏返し、根もとにビーズを入れたリング②を作る。リング③を作りながら、小（ア）が下になるようにピコを2つ重ねてピコつなぎをする。

5 リバースワークを繰り返してリング⑧までを作る。リング⑨を作りながら、モチーフ小（イ）とピコつなぎをする。

6 モチーフ大の両端の糸を10cm残し、モチーフ小と同様にパールを通す（**P.61**参照）。

7 大は②④⑥⑧のリングを立たせるように立体的にのりづけをして、モチーフの左右にチェーンと金具をつける。

【ビーズの通し方】

★…左手の輪の中に入れるビーズ

【モチーフのつなぎ方】

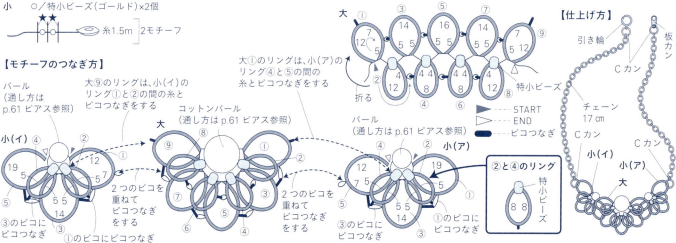

P.21 白い花びらのピアス SIZE／たて2×よこ1.5cm

材料

#80レース糸(白)……4m
特小ビーズ(ゴールド)……8個
6mmコットンパール(キスカ)……2個
フックピアス金具……1組み

作り方順序

1. シャトルに糸を巻き、ビーズを通す。
2. スタートからリング①を作り、途中で表目5目、裏目5目のきざみを入れる。
3. リバースワーク(**P.43**参照)の手法でリング①を裏返し、続けて根もとにビーズを入れたリング②を作る。
4. ピコつなぎをしながら同様にリバースワークを繰り返してリングを作る。糸端はパールを通すために10cm残しておく。
5. モチーフを半分に折り、両端の糸をビーズ針に通し、コットンパールを通して固結びし、結び目をコットンパールの中に引き入れて際で切る。
6. ②のリングを立たせるように立体的にのりづけをして、ピアス金具につける。

【ビーズの通し方】

★…左手の輪の中に入れるビーズ
○／特小ビーズ(ゴールド)×4個

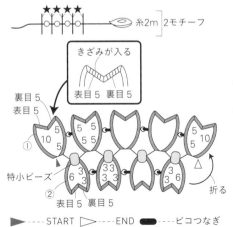

【パールの通し方】

両端の糸をビーズ針に通し、
さらに、コットンパール→ビーズ4個に
それぞれ通して固結びする。
結び目は針でパールの中に引き込んで際で切る

【仕上げ方】

フックピアス金具

P.21 白い花びらのネックレス　SIZE／モチーフ たて2×よこ3.5cm

材料

#80レース糸（白）……5m
特小ビーズ（ゴールド）……8個
6mmコットンパール（キスカ）……1個
2mmパール（生成り）……2個
ネックレスチェーン……17cm×2本
Cカン……4個
引き輪……1個
板カン……1個

作り方順序

1. シャトルに糸を巻き、ビーズを通す。
2. モチーフ小（ア）（イ）はリング①～⑤の順番で作る（根もとにビーズを入れた②と④が上に重なるようにピコつなぎをしながら作る）。糸端はパールを通すために10cm残しておき、パールを通す（→p.63 ピアス参照）。
3. モチーフ大はリング①を作りながらモチーフ小（ア）とピコつなぎをする。
4. リバースワーク（>> P.43参照）の手法でリングを裏返し、根もとにビーズを入れたリング②を作る。リング③を作りながら、小（ア）が下になるようにピコを2つ重ねてピコつなぎをする。
5. リバースワークを繰り返してリング⑧までを作る。リング⑨を作りながら、モチーフ小（イ）とピコつなぎをする。
6. モチーフ大の両端の糸を10cm残し、モチーフ小と同様にパールを通す（>> P.63参照）。
7. 大は②④⑥⑧のリングを立たせるように立体的にのりづけをして、モチーフの左右にチェーンと金具をつける。

【ビーズの通し方】

★…左手の輪の中に入れるビーズ

大　○／特小ビーズ（ゴールド）×4個　糸2m
小　○／特小ビーズ（ゴールド）×2個　糸1.5m　2モチーフ

【モチーフのつなぎ方】

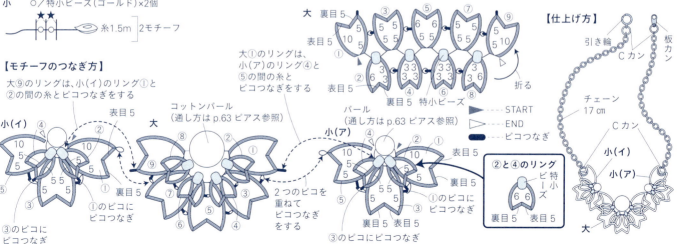

P.22 クローバーモチーフのピアス／イアリング

ピアス／SIZE／たて 2.5×よこ 1.5cm
イアリング／SIZE／たて 4.5×よこ 1.3cm

✗ 材料

ピアス(生成り)
#80 レース糸(生成り)……3m
特小ビーズa(アイボリー)……24個
特小ビーズb(ピンク)……8個
6mmコットンパール(キスカ)……2個
Tピン……2個
フックピアス金具……1組み

イアリング(黒)
#80 レース糸(黒)……3m
特小ビーズa(グリーン)……24個
特小ビーズb(ゴールド)……10個
4mmスワロフスキー(グレー)……4個
5mmスワロフスキー(グレー)……2個
9ピン……4個
Tピン……2個
イアリング金具……1組み

✗ 作り方順序 ※詳しくは(》P.44 の写真解説参照)

1 シャトルに糸を巻き、ビーズを通す。
2 ①のリングは両側に3個のビーズを入れたピコを作る。
3 ②のリングを作りながら、①とピコつなぎでつなぐ。
4 ③④のリングを作り、糸始末とのりづけをする。
5 モチーフをピアス(またはイアリング)金具につけ、パール(またはビーズ)をつける。

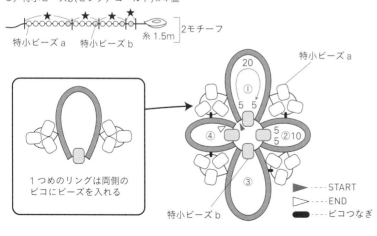

65

P.22 レースモチーフのピアス　SIZE／モチーフ たて2.5×よこ3.5cm

材料

生成り
- #80レース糸（生成り）……4m
- 特小ビーズ（アイボリー）……52個
- 2mmパール（アイボリー）……14個
- 長さ7mmしずく形ビーズ（赤紫）……2個
- 12mmデザイン丸カン……2個
- ワイヤー……20cm
- フックピアス金具……1組み

黒
- #80レース糸（黒）……4m
- 特小ビーズa（ゴールド）……28個
- 特小ビーズb（グリーン）……38個
- 5mmスワロフスキー（グレー）……2個
- 12mmデザイン丸カン……2個
- Tピン……2個
- フックピアス金具……1組み

作り方順序

1 シャトルに糸を巻き、ビーズを通す。

2 ①のリングは3個のビーズを入れたピコを作る。

3 ビーズを1個寄せる。リバースワークの手法（»**P.43**参照）で②のリングを作りながら、ピコつなぎでデザイン丸カンとつなぐ。ビーズを1個寄せる。

4 1と2を繰り返して、糸始末とのりづけをする。

5 モチーフとビーズ（スワロフスキー）をピアス金具につける。

※めがねどめの方法は**P.49**参照

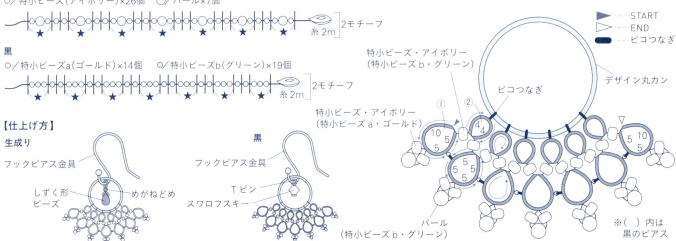

P.23 スクエアネックレス　SIZE／モチーフ たて3×よこ3cm

◪ 材料

#80レース糸(生成りまたは黒)……2.5m
特小ビーズa(ピンクゴールドまたはゴールド)
　……44個
特小ビーズb(赤または緑)……20個
バチカン……1個
チェーン……40cm
Cカン……2個
引き輪……1個
板カン……1個

◪ 作り方順序

1 シャトルに糸を巻き、ビーズを通す。

2 ①のリングは長め(3.5mm)のピコを7個入れて作り、糸を引き締めてから裏返し、見せかけのピコ(>> P.39参照)を作る。

3 表に返して見せかけのピコから続けて②のリングを作る。チェーンを4目作ってからテグスで①のリングのピコに特小ビーズを通す。

4 ビーズを通したピコとピコつなぎをし、③のリングを作る。

5 ②と③のリングを交互に作りながら1周し、糸始末をする。

6 のりづけをして、金具をつける。

【ビーズの通し方】
★…左手の輪の中に入れるビーズ

○／特小ビーズa(ピンクゴールドまたはゴールド)×40個
●／特小ビーズb(赤または緑)×20個

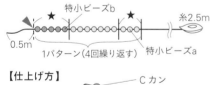

【仕上げ方】

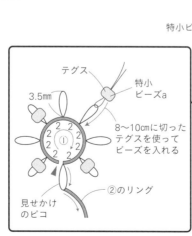

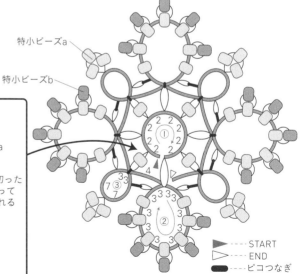

▶ …… START
▷ …… END
■ …… ピコつなぎ

P.28 タッセルピアス　SIZE／モチーフ たて7.5×よこ2.5cm

材料

#80レース糸（カラシまたはグレーまたはピンクまたは生成り）……24m
特小ビーズ（生成り）……60個
4mmパール（生成り）……2個
丸カン……8個
フックピアス金具……1組み

【ビーズの通し方】
★…左手の輪の中に入れるビーズ
○／特小ビーズ（生成り）×18個

作り方順序

1 シャトルに糸を巻き、ビーズを通す。

2 ①②③の順序でリングを作る。最初の②のリングのみパール通し分のロングピコ（5mm）を作る。

3 チェーン20目を作り、時計回りに再び①②③のリングとチェーン20目を繰り返す。途中の②のリングでパールを通したロングピコとピコつなぎをする（>> **P.42**参照）。

4 糸始末とのりづけをする。

5 モチーフにピアス金具をつけ、タッセルを作って丸カンでつける。

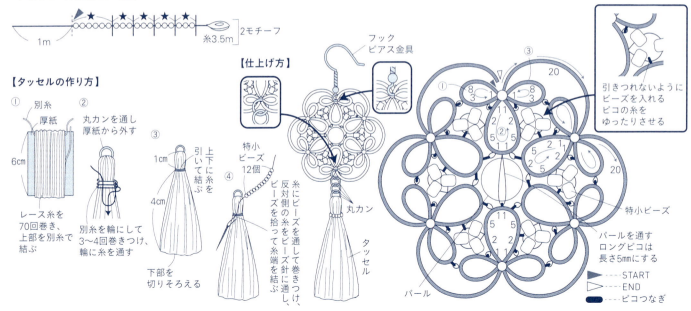

P.25 ストライプのピアス　　SIZE／モチーフ たて3×よこ4cm

⊠ 材料

#80レース糸a（ピンクまたは青緑）……5m
#80レース糸b（黒）……5m
特小ビーズ（ゴールド）……52個
11mmしずく形スワロフスキー（黒）……2個
1.5mmつぶし玉、つぶし玉カバー……各4個
ワイヤー……20cm
丸カン……2個
しずく形フープピアス金具……1組み

⊠ 作り方順序

1. シャトル2個にそれぞれ糸を巻き、ビーズを通す。
2. リング①は両側に2個のビーズを入れたピコを作る。
3. 続けてロングピコ15個を作り、シャトル②に持ち替えて②のリングを作りながら①のリングとピコつなぎをする。
4. シャトル①と②を交互に使いながらピコつなぎで12個のリングをつなげる。
5. 最後の糸始末をする。
6. フープピアス金具につぶし玉→モチーフ→つぶし玉の順に通し、3cmに縮めてつぶし玉をつぶし、つぶし玉カバーをかぶせる（>> P.49参照）。
7. スワロフスキーをめがねどめ（>> P.49参照）でつけ、丸カンでモチーフとつなぐ。

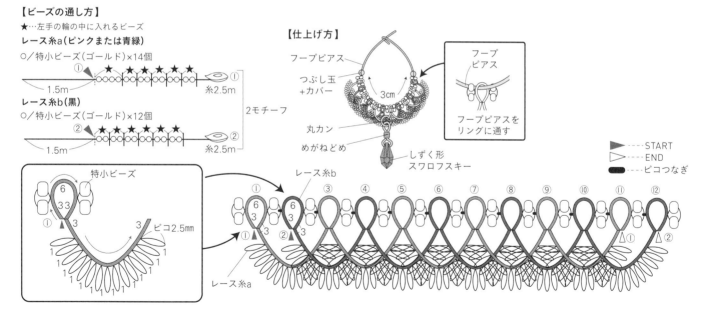

P.24 ストライプのブレスレット SIZE／幅1×手首回り16cm

材料

#80レース糸a(青緑またはピンク)……5m
#80レース糸b(黒)……5m
特小ビーズ(ゴールド)
……青緑／66個　ピンク／68個
11mmしずく形スワロフスキー(黒)……1個
ワイヤー……10cm
丸カン……1個
Cカン……2個
カニカン……1個
チェーン(5cm)……1個

作り方順序

1. シャトル2個にそれぞれ糸を巻き、ビーズを通す。
2. リング①は、両側に2個のビーズを入れたピコを作る。
3. 続けてロングピコ15個を作り、シャトル②に持ち替えて②のリングを作りながら①のリングとピコつなぎをする。
4. シャトル①と②を交互に使いながら、ピコつなぎで32個(ピンクは33個)のリングをつなげる。
5. 最後の糸始末をする。
6. モチーフにチェーンと金具をつけ、スワロフスキーをめがねどめ(≫P.49参照)で丸カンにつけ、チェーンにつける。

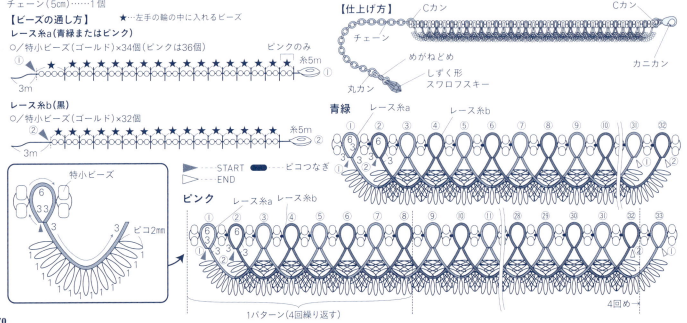

P.26 フープピアス　SIZE／直径 3cm

✕ 材料

共通
- #100レース糸(生成り)……3m
- デリカビーズa(白)……14個
- フープピアス金具……1組み

A
- デリカビーズb(水色)……20個
- デリカビーズc(グレー)……20個
- デリカビーズd(カラシ)……20個

B
- デリカビーズb(カーキ)……20個
- デリカビーズc(カラシ)……20個
- デリカビーズd(赤)……20個

C
- デリカビーズb(グレー)……20個
- デリカビーズc(カーキ)……20個
- デリカビーズd(青)……20個

✕ 作り方順序　※詳しくは(>> P.47の写真解説参照)

1. シャトルに糸を巻き、ビーズを通す。
2. フープピアス金具を軸代りにしてダブルステッチを5目作る(>> P.49参照)。
3. ピコにデリカビーズaを1個入れ、さらに5目作る。
4. デリカビーズbを左手の輪の中に入れてダブルステッチを1目作り、ピコにビーズを1個入れる。これを5回繰り返してリングを縮める。
5. 2～4を繰り返して、糸始末とのりづけをする。

【ビーズの通し方】　★…左手の輪の中に入れるビーズ

- □／デリカビーズa(白)×7個
- ■／デリカビーズb(水色またはカーキ、グレー)×10個
- □／デリカビーズc(グレーまたはカラシ、カーキ)×10個
- ■／デリカビーズd(カラシまたは赤、青)×10個

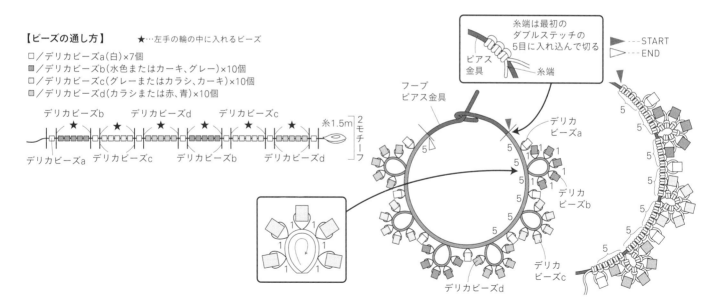

P.18 クラシカルなパールのピアス   SIZE／モチーフ 直径3cm

材料

#100レース糸(生成り)……5m
特小ビーズ(生成り)……208個
2.5mmパール(生成り)……16個
4mmパール(生成り)……2個
丸カン……4個
フックピアス金具……1組み

作り方順序

1 シャトルに糸を巻き、ビーズを通す。

2 ①のリングは最初の1個のみロングピコ(5mm)1個を入れて作る。

3 リバースワーク(**P.43** 参照)の手法でリングを裏返し、②のリングはピコにビーズを3個または5個入れながら作り、リングの根もとに2.5mmパールを入れる。

4 ①と②のリングを交互に作りながら1周する。リングの途中でパールを通したロングピコとピコつなぎをする(**P.42** 参照)。

5 糸始末とのりづけをする。

6 モチーフにピアス金具をつける。

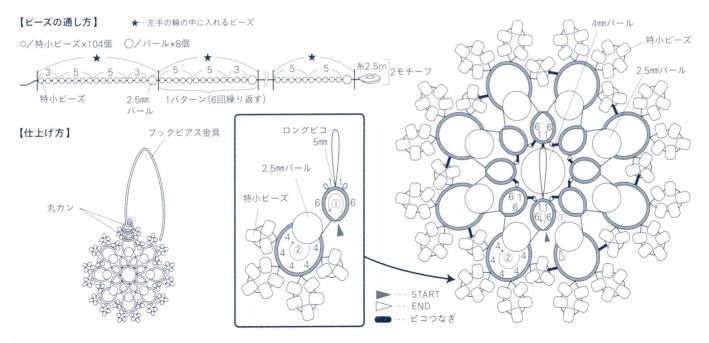

P.18 クラシカルなパールのネックレス　SIZE／直径18cm

材料

#100レース糸(生成り)……59m
#80レース糸(生成り)……16m
特小ビーズ(生成り)……1850個
2.5mmパール(生成り)……136個
4mmパール(生成り)……17個
Cカン……2個
カニカン……1個
アジャスター（5cm）……1個

作り方順序

1. シャトルに#100レース糸を巻き、ビーズを通す。
2. P.72のピアスと同様にモチーフAを作る。
3. モチーフBをピコつなぎでつなぎながら6個作る。
4. モチーフCはピコつなぎでつなぎながら3個作る。
5. モチーフBをピコつなぎでつなぎながら、6個作り、モチーフDを1個つなぐ。
6. ブレード外側は#80のレース糸をシャトルに巻き、モチーフD側からスタートし、ビーズを入れずにA～Dのモチーフとピコつなぎでつなぎながら作る。
7. ブレード内側は#100のレース糸にビーズを入れ、外側モチーフのEND側から外側ブレードとピコつなぎでつなぎながら作る。
8. 各ブレードとモチーフの糸始末とのりづけをして、Cカンでカニカンとアジャスターをつける。

【ビーズの通し方】　★…左手の輪の中に入れるビーズ

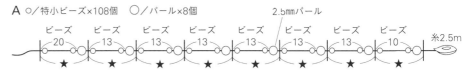

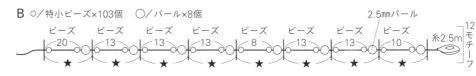

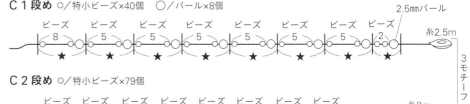

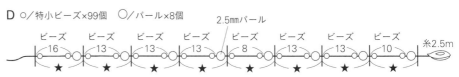

※糸が長いので糸端は糸玉につなげたままでもよい

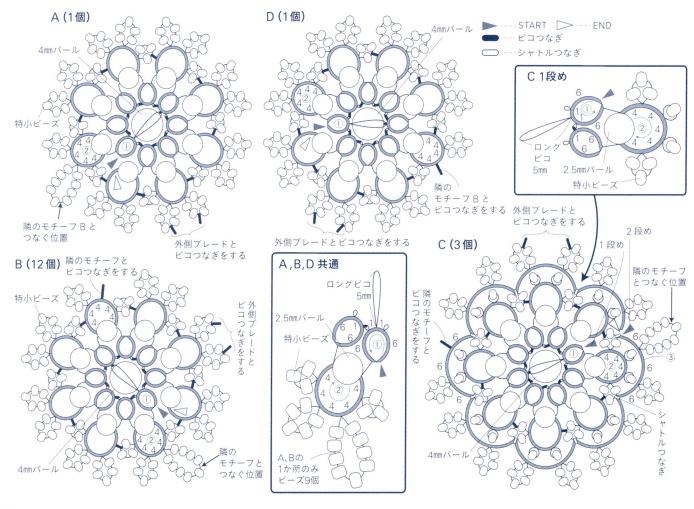

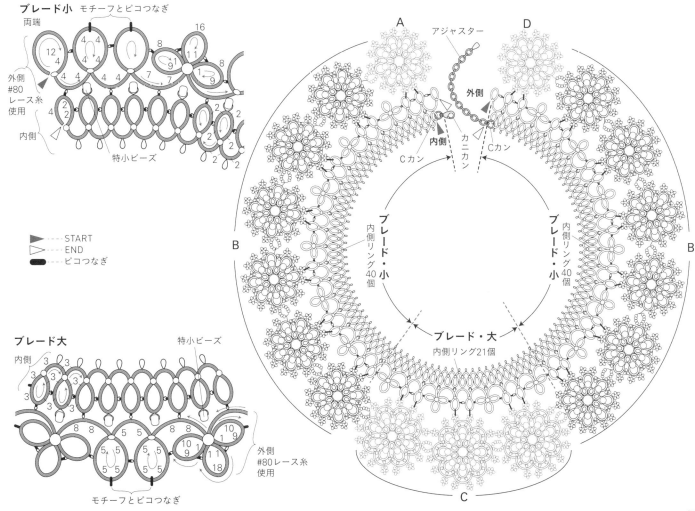

P30 スノーフレークのモチーフA／B　　SIZE／A たて3×よこ2.5cm　B たて3.5×よこ6cm

❌ 材料

A
- #100レース糸(白)……2.5m
- 特小ビーズ(白)……6個
- 3mmパール(白)……1個

B
- #100レース糸(白)……6.5m
- 特小ビーズ(白)……16個
- 3mmパール(白)……3個

【ビーズの通し方】

★…左手の輪の中に入れるビーズ
○／特小ビーズ(白)×6個

❌ 作り方順序

A

1 シャトルに糸を巻き、ビーズを通す。

2 スタートからシャトル①でロングピコ(4mm)を入れた①のリングを作る。

3 チェーン3目・ピコ・チェーン3目を作り、シャトル②に持ち替えて②のリングを作る。

4 シャトル①に持ち替え、再びチェーン3目・ピコ・チェーン3目を作る。

5 2〜4を繰り返しながら、①のリングの途中でパールを通したロングピコとピコつなぎをする(→p.42参照)。

6 糸始末とのりづけをする。

B

1 シャトルに糸を巻き、ビーズを通す。

2 モチーフ大は、スタートからシャトル①でロングピコ(4mm)を入れた①のリングを作る。

3 チェーン3目・ピコ・チェーン3目を作り、シャトル②に持ち替えて②のリングを作る。

4 シャトル①に持ち替え、再びチェーン3目・ピコ・チェーン3目を作る。

5 2〜4を3回繰り返しながら、①のリングの途中でパールを通したロングピコとピコつなぎをする(**≫ P.42**参照)。

6 モチーフ小はシャトル1個を使用し、モチーフ大と同様に作りながら、左右にピコつなぎでつなぐ。

7 糸始末とのりづけをする。

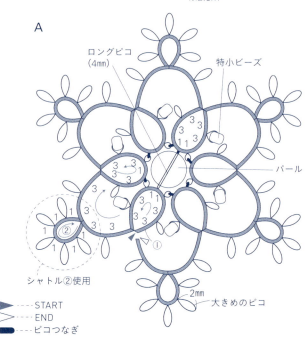

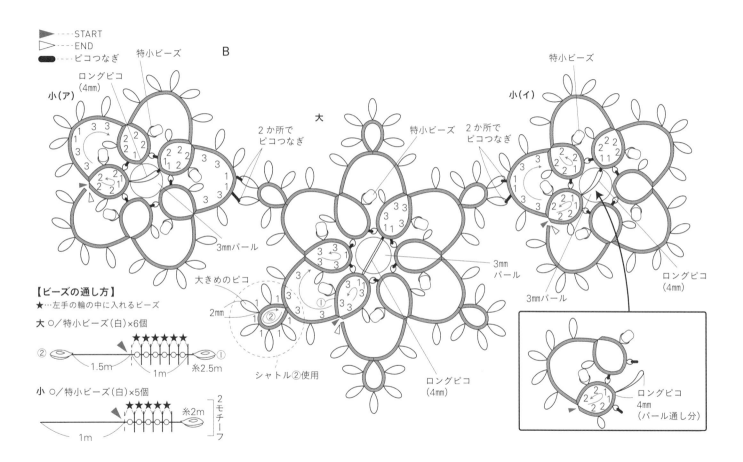

77

P.30 スノーフレークのモチーフC　SIZE／たて5×よこ4.5cm

✂ 材料

#100レース糸（白）……7.5m
特小ビーズ
（クリアシルバー）……114個
4mmパール（白）……1個

✂ 作り方順序

1 シャトルに糸を巻き、ビーズを通す。
2 内側のモチーフは、①②③の順序でリングを作る。最初の②のリングのみパール通し分のロングピコ（5mm）を作る。
3 チェーン20目を作り、時計回りに再び①②③のリングとチェーン20目を繰り返す。途中の②のリングでパールを通したロングピコとピコつなぎをする（>> P.42 参照）。
4 外側のモチーフは、ビーズを入れたピコを作りながら①②③のリングを作る。
5 チェーン2目・ピコ・チェーン13目を作り、内側のモチーフのリング3個が集まっている穴にピコつなぎでつなぎ、再びチェーンを作る。
6 内側のモチーフの輪に外側のモチーフをくぐらせて、糸始末とのりづけをする。

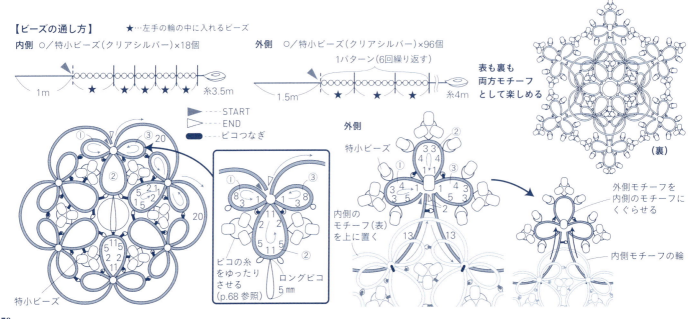

78

P.30 バタフライモチーフ　SIZE／たて2.5×よこ3.5cm

材料

#80レース糸(水色)……6m
特小ビーズ(ゴールド)……34個
4mmパール(白)……1個

作り方順序

1. シャトルに糸を巻き、ビーズを通す。
2. 1段めはリングを6個作る。糸端はパールを通すために10cm残しておく。
3. 2段めはシャトル②で左右どちらかの1段めのピコとシャトルつなぎから始め、左右の羽を作る。
4. 2の糸端に針を通し、パールをつける。
5. 糸始末とのりづけをする。

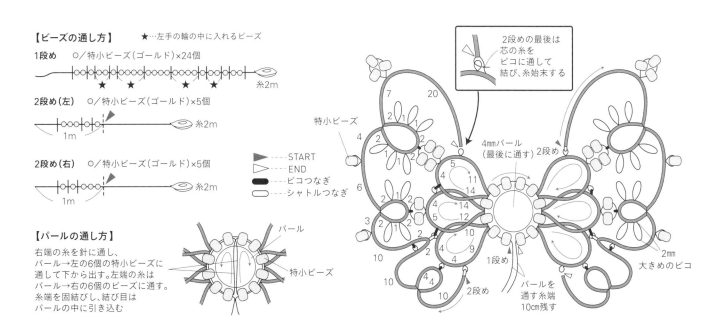

79

PROFILE
森泉 美苑 Misono Moriizumi

東京都出身。文化女子大学（現・文化学園大学）服装学部卒業。アパレル会社でパタンナーとして勤務後、独学で始めたタティングレースを楽しみ、ビーズとの組合せの面白さに気づく。現在、アクセサリーを中心に制作を行う。

ビーズきらめく
タティングレースのアクセサリー

2019 年 7 月 7 日　第 1 刷発行

著　者　　　森泉美苑
発行者　　　濱田勝宏
発行所　　　学校法人文化学園 文化出版局
　　　　　　〒151-8524　東京都渋谷区代々木 3-22-1
　　　　　　電話 03-3299-2488（編集）　03-3299-2540（営業）
印刷・製本所　株式会社文化カラー印刷

©Misono Moriizumi 2019　Printed in Japan
本書の写真、カット及び内容の無断転載を禁じます。

・本書のコピー、スキャン、デジタル化等の無断複製は著作権法上での例外を除き、禁じられています。本書を代行業者等の第三者に依頼してスキャンやデジタル化することは、たとえ個人や家庭内での利用でも著作権法違反になります。
・本書で紹介した作品の全部または一部を商品化、複製頒布、及びコンクールなどの応募作品として出品することは禁じられています。
・撮影状況や印刷により、作品の色は実物と多少異なる場合があります。ご了承ください。

文化出版局のホームページ　http://books.bunka.ac.jp/

撮影協力

ウェア　　**P.16** シャツ、**P.19・27** ワンピースブラウス
　　　　　Véritécoeur
　　　　　福岡市中央区高砂 1-16-4
　　　　　092-533-3226
　　　　　http://www.veritecoeur.com/

　　　　　P.6・15 ワンピース、**P.13・24** シャツ
　　　　　potandtea
　　　　　http://potandtea.net/

雑　貨　　TITLES
　　　　　東京都千駄ヶ谷 3-60-5
　　　　　原宿ビルディング 1F
　　　　　tel.03-6434-0616

　　　　　UTUWA
　　　　　東京都千駄ヶ谷 3-50-11
　　　　　明星ビルディング 1F
　　　　　tel.03-6447-0070

STAFF

デザイン　　　　　　田山円佳（スタジオダンク）
撮影　　　　　　　　菅井淳子
スタイリング　　　　伊東朋恵
ヘア＆メイク　　　　KOMAKI
モデル　　　　　　　NATANE
プロセス撮影　　　　安田如水（文化出版局）
作り方解説＆トレース　爲季法子
校閲　　　　　　　　向井雅子
編集　　　　　　　　佐々木純子
　　　　　　　　　　加藤風花（文化出版局）